LA VIE DE JEUNE HOMME. — LES DÉBARDEURS.

Extrait du catalogue de la librairie J. HETZEL,
RUE MÉNARS, 10 ; — RUE RICHELIEU, 76.

ÉTUDES DE MŒURS AU XIXᵉ SIÈCLE.

ŒUVRES CHOISIES DE GAVARNI

Revues, corrigées, et nouvellement classées par l'auteur, publiées dans le format du DIABLE A PARIS, et accompagnées de notices par MM. DE BALZAC, THÉOPHILE GAUTIER, GÉRARD DE NERVAL, LÉON GOZLAN, LAURENT-JAN, JULES JANIN, ALPHONSE KARR, P.-J. STAHL, etc. — **10 fr.** le volume grand in-8°, renfermant 80 grandes vignettes ; par la poste, 12 fr. — Le 1ᵉʳ volume est en vente. — Le 2ᵉ sera complet le 5 décembre.

LE DIABLE A PARIS

Paris et les Parisiens, texte par les principaux littérateurs, précédé d'un PRÉCIS COMPLET DE L'HISTOIRE DE PARIS, par Th. LAVALLÉE. 2 vol. grand in-8° ornés de 200 grands dessins à part, avec légendes par GAVARNI, et de 600 vignettes par BERTALL ; vues, monuments, édifices, par CHAMPIN, FRANÇAIS, DAUBIGNY, BERTRAND. Prix : **30 fr.** ; par la poste, 42 fr.

SCÈNES DE LA VIE PRIVÉE ET PUBLIQUE DES ANIMAUX

Vignettes par GRANDVILLE, études de mœurs contemporaines, publiées sous la direction de P.-J. STAHL ; avec la collaboration de MM. de Balzac, E. de la Bédollierre, P. Bernard, Jules Janin, Alfred de Musset, P. de Musset, Charles Nodier, Louis Viardot ; Mesd. Mennessier-Nodier, George Sand. 2 vol. grand in-8° ornés de 200 vignettes à part, **30 fr.** ; par la poste, 40 fr.

LA COMÉDIE HUMAINE.
ŒUVRES COMPLÈTES DE H. DE BALZAC

Édition de luxe à bon marché ; vignettes par TONY JOHANNOT, GAVARNI, GÉRARD SÉGUIN, MEISSONNIER, BERTALL, etc. 15 vol. in-8 à **5 fr.** ; par la poste, 6 fr.

Douze volumes sont en vente.

HISTOIRE DES FRANÇAIS

Depuis le temps des Gaulois jusqu'en 1830, par THÉOPHILE LAVALLÉE, ornée de 80 portraits des rois de France et des personnages les plus célèbres, gravés sur acier. 2 magnifiques vol. grand in-8°, **30 fr.** ; par la poste, 40 fr.

VOYAGE PITTORESQUE EN ALGÉRIE

Alger, Oran, Constantine, la Kabylie, par Théophile Gautier. 1 vol. grand in-8° illustré d'après nature, par MM. BENJAMIN ROUBAUD, THÉOPHILE GAUTIER, FRANÇAIS, BACCUNET, etc., et publié en 24 livraisons, à 50 centimes. **12 fr.** le volume complet.

BIBLIOTHÈQUE DES FEMMES DU MONDE.

VOYAGE OU IL VOUS PLAIRA
Par MM. TONY JOHANNOT, ALF. DE MUSSET et P.-J. STAHL. 1 vol. petit in-4°, orné de 63 grands sujets et de nombreuses vignettes, **12 fr.** ; par la poste, 15 fr.

WERTHER
Par GOETHE, traduit par PIERRE LEROUX, et accompagné d'un travail littéraire, par G. SAND ; 10 eaux-fortes dess. et grav. par T. JOHANNOT. 1 vol. gr. in-8°, **10 fr.** ; par la poste, 12 fr.

LE VICAIRE DE WAKEFIELD
Par GOLDSMITH, traduction nouvelle par CHARLES NODIER. 10 vignettes par TONY JOHANNOT, grav. sur acier par REVEL. 1 vol. grand in-8°, **10 fr.** ; par la poste, 12 fr.

CONTES DE NODIER
Huit magnifiques eaux-fortes, dessinées et gravées par TONY JOHANNOT. 1 volume grand in-8°. **10 fr.** ; par la poste, 12 fr.

---

3 fr. le volume. — LE NOUVEAU MAGASIN DES ENFANTS — **Par la poste, 4 fr.**
COLLECTION DE JOLIS VOLUMES IN-OCTAVO ANGLAIS.

LE LIVRE DES PETITS ENFANTS, alphabets, exercices, fables, maximes, etc. 90 vignettes par G. SÉGUIN, Meissonnier, etc. 1 vol.

NOUVELLES ET SEULES VÉRITABLES AVENTURES DE TOM POUCE, par P.-J. STAHL. 150 vignettes par Bertall. 1 vol.

LA BOUILLIE DE LA COMTESSE BERTHE, par Alexandre Dumas. 150 vignettes par Bertall. 1 vol.

TRÉSOR DES FÈVES ET FLEUR DES POIS, par Charles Nodier. 100 vignettes par Tony Johannot. 1 vol.

VIE DE POLICHINELLE ET SES NOMBREUSES AVENTURES, avec un portrait du nez du Commissaire (son ennemi), et un fac-simile de la queue de Diable, par Octave Feuillet. 100 vignettes par Bertall. 1 vol.

HISTOIRE DE LA MÈRE MICHEL ET DE SON CHAT, par Émile de Labédollierre. 100 vignettes par Lorentz. 1 vol.

HISTOIRE D'UN CASSE-NOISETTE, par Alexandre Dumas. 220 vign. par Bertall. 2 vol.

LA MYTHOLOGIE DE LA JEUNESSE, par L. Baudet. 120 vignettes par Gérard Séguin. 1 vol.

AVENTURES MERVEILLEUSES ET TOUCHANTES DU PRINCE CHÊNEVIS ET DE SA JEUNE SŒUR, par L. Gozlan. 100 vign. par Bertall. 1 vol.

MONSIEUR LE VENT ET MADAME LA PLUIE, par Paul de Musset. 100 vignettes par Gérard Séguin. 1 vol.

LE PRINCE COQUELUCHE, son histoire intéressante et celle de son compagnon moustafa, par Édouard Ourliac. 100 vignettes par Pierre Koste. 1 vol.

LE ROYAUME DES ROSES, par Arsène Houssaye, illustration par Gérard Séguin. 1 vol.

---

3 fr. 50 c. le vol. — COLLECTION DE VOLUMES IN-18, FORMAT CHARPENTIER — **3 fr. 50 c. le vol.**

ŒUVRES COMPLÈTES DE STENDHAL (HENRY BEYLE),
— Romans, — Nouvelles, — Voyages, — Beaux-Arts, etc.
1 vol.
En Vente :
LA CHARTREUSE DE PARME
1 volume.

HISTOIRE PARLEMENTAIRE DE LA RÉVOLUTION FRANÇAISE par Buchez. — 2ᵉ édit. entièrement refondue par l'auteur. — Six séries :
HISTOIRE DE L'ASSEMBLÉE CONSTITUANTE............ 5 vol.
HISTOIRE DE L'ASSEMBLÉE LÉGISLATIVE............... 4 vol.
HISTOIRE DE LA CONVENTION : les Girondins, 5 vol., et les Jacobins, 5 vol............ 10 vol.
HISTOIRE DU DIRECTOIRE............ 2 vol.
HISTOIRE DU CONSULAT............ 1 vol.
HISTOIRE DE L'EMPIRE............ 2 vol.

HENRY MONNIER, scènes populaires, etc., etc.

QUELQUES CHAPITRES DE LA VIE ET DES VOYAGES DU CÉLÈBRE M. BOUDIN, par ALBERT AUBERT. 1 vol. in-18.

PETIT TABLEAU DE PARIS.

PARIS MARIÉ
PHILOSOPHIE DE LA VIE CONJUGALE
Par H. DE BALZAC.
Commenté par GAVARNI. 1 vol. in-8° anglais — **3 fr.**

PARIS DANS L'EAU
Par Eugène Briffault. 1 vol. in-8° anglais. 120 vignettes par Bertall. **3 fr.**

PARIS A TABLE
Par Eugène Briffault. 1 vol. in-8° anglais, illustré par Bertall. **3 fr.**

PARIS A L'ÉGLISE
(LES SEPT SACREMENTS.)
Texte et vignettes par H. Monnier. 1 vol. in-8° anglais. **3 francs.**

Paris. — Imprimerie de Schneider, rue d'Erfurth, 1.

OEUVRES CHOISIES

DE GAVARNI.

TYPOGRAPHIE SCHNEIDER,
rue d'Erfurth, 1.
— Papeterie du Marais et de Sainte-Marie. —

ŒUVRES CHOISIES
DE GAVARNI

Revues, corrigées et nouvellement classées par l'Auteur

— ÉTUDES DE MŒURS CONTEMPORAINES —

— LA VIE DE JEUNE HOMME. —
— LES DÉBARDEURS. —

AVEC DES NOTICES EN TÊTE DE CHAQUE SÉRIE,
PAR M. P.-J. STAHL.

PARIS — 1848

| J. HETZEL, | GARNIER Fʳᵉˢ, |
| RUE RICHELIEU, 76; — RUE MÉNARS, 10. | RUE RICHELIEU, 10; — PALAIS-ROYAL, 215. |

GAVARNI.

ŒUVRES CHOISIES

LA
VIE DE JEUNE HOMME.

J. HETZEL. | GARNIER F^es.

1848

LA VIE DE JEUNE HOMME.

Nous sommes à peu près assuré de ne rencontrer que des contradicteus quand nous aurons déclaré qu'au nombre des idées fausses dont l'expérience la plus vulgaire aurait dû faire justice, nous rangeons cette assertion si contestable et pourtant si peu contestée, que la VIE DE JEUNE HOMME est la plus belle qu'on puisse imaginer, et que de toutes les transformations que subit notre être de son commencement à sa fin, il n'en est aucune qui lui soit comparable.

Toute vérité a pour ennemi naturel un préjugé. Une vérité qui veut faire son chemin dans le monde doit donc se tenir pour avertie qu'elle y trouvera sa place occupée, et qu'avant d'étaler à nos yeux ses appas un peu crus, il lui faudra prouver que ceux de son ennemi sont plus brillants que solides, et, cette preuve faite, le chasser si elle le peut.

Or cela est plus aisé à dire qu'à faire ; et si l'on veut se donner la peine de réfléchir que d'ordinaire la vérité est toute seule, qu'elle est toute nue, qu'elle est froide, qu'elle sort d'un puits, tandis que tout préjugé a pu, à l'abri de l'axiome, *possession vaut titre*, se couvrir, s'étoffer et mettre pour soi les apparences, on comprendra que la pauvre déesse retombe plus d'une fois, vaincue et découragée, au fond de ce puits, son seul asile, avant d'en sortir pour un triomphe certain. Soyez sûr d'ailleurs que si nous tenons campagne, ce sera contre elle et pour son adversaire. La raison en est simple, la vérité est indépendante de nous ; l'erreur, au contraire, nous appartient, elle nous est propre ; en la défendant, c'est notre œuvre, c'est notre enfant, c'est nous-même que nous défendons. — L'histoire des préjugés et des causes toujours singulières qui, en faisant leur fortune, leur ont assuré presque partout le pas sur la vérité, serait à coup sûr une histoire intéressante : nous avons donc eu la curiosité de rechercher qui avait pu donner naissance à celui que nous signalons, quel était le père de cette belle réputation qu'a dans le monde la vie de jeune homme, qui avait pu, enfin, l'y soutenir et l'y faire vivre sur un si bon pied que, tout en l'attaquant, nous commençons par reconnaître que nous n'espérons point en avoir raison.

Après nous être convaincu que ce préjugé, s'il semblait admis par tous, n'était néanmoins prôné tout haut que par un petit nombre, et que de ce petit nombre n'étaient même pas les jeunes gens, seuls bons juges pourtant en pareille matière, nous avons fini par découvrir avec une certaine satisfaction que ses apôtres ne se recrutaient, en somme, que dans cette classe, la moins nombreuse et à coup sûr la moins estimable de notre espèce, que les législateurs, faute de pouvoir lui donner un des titres par lesquels on est quelque chose dans la famille humaine, ont désignée sous cette rubrique les *célibataires.*

Or nous sommes d'un mener si facile, que cette fraction d'individus qui n'a de lien et de solidarité avec personne, qui ne prend des affections humaines que ce qui appartient à autrui, dont l'unique souci est de rester jeune à tout âge, a néanmoins, et à cause de cela même peut-être, tant il est vrai que le monde appartient aux indifférents, une influence considérable dans l'appréciation des choses d'*ici-bas.*

A entendre donc les célibataires, — et quels autres qu'eux, en effet, avocats nécessaires de la vie de garçon, ennemis naturels de la vie de famille, auraient eu intérêt à propager une telle erreur? — cette période de notre vie devrait être l'espérance de l'adolescent et le paradis perdu du vieillard : le soleil n'aurait point de couleurs assez riches pour peindre les délices de cet âge d'or, le *mois de mai* de la vie serait comme le mois de mai du calendrier, semé de fleurs et de roses sans épines, chacune de ses heures aurait le caprice, le charme, la légèreté et les ailes d'un papillon invisible; le cœur d'un jeune homme serait plein de chansons toujours nouvelles, ses yeux d'images toujours enivrantes, et son esprit sans cesse bercé de douces chimères.

Ainsi donc *être jeune, ô bourgeois, notre maître à tous*, c'est-à-dire, être comme tu l'as été toi-même, commis à peine appointé chez un boutiquier quelconque, nettoyer des carreaux, ouvrir des devantures, déjeuner d'une flûte d'un sou, dîner à douze sous, à côté d'un marchand de contremarques, dans quelque bouge infect, s'endetter, en manquant de tout, pour un cigare imprudemment fumé, pour une demi-tasse perdue au domino, ou bien encore être sixième clerc d'avoué, de notaire, que dis-je..., d'huissier! c'est le bonheur, on a pu t'en convaincre.

Être jeune, ô poëte futur, dont la muse éperdue se démène en vain dans des flots d'encre, souffrir de la faim, de la soif, de l'envie peut-être pire que la soif et la faim, courir après des fantômes, n'avoir ni de quoi mourir, ni de quoi chanter, appeler, sans parvenir même à t'en faire écouter, la mort de *Gilbert*, c'est le bonheur.

Être jeune, ô futur Galilée, pour qui la science n'est encore qu'un groupe de chiffres cabalistiques, c'est-à-dire, pâlir sans succès sur ces livres dont les secrets te fuient, avoir tout à apprendre, tout à faire, et mourir au pied de cette montagne dont la cime échappe à ton dernier regard, c'est le bonheur.

Être jeune, ô philosophe de vingt ans, c'est-à-dire, ouvrir pour la première fois ton cœur désarmé et ta raison épouvantée à ces tristes et désolantes vérités qu'ennuis, chagrins, disgrâces, amertumes, seront les chances diverses et pourtant monotones de cette vie dont un sage a dit que personne ne l'accepterait si on savait ce qu'elle garde à chacun ; te débattre entre mille systèmes contradictoires, et découvrir le chaos où tu espérais l'ordre, es-tu bien sûr que ce soit le bonheur?

Être jeune, enfin, ô préjugé, ô jeune homme, qui que tu sois, pauvre ou millionnaire, laboureur ou soldat, artiste ou artisan, c'est-à-dire, entrer dans cette carrière encombrée qui s'appelle la vie, y entrer la poitrine découverte et les yeux bandés pour y disputer, à travers mille embûches, ta part de peines et de misères, c'est-à-dire, commencer sa toile si l'on est araignée, sa prison si l'on est ver à soie, essayer son vol par des chutes si l'on est oiseau, percer sa chrysalide avec des ailes mouillées avant d'en sortir papillon, entendre son premier coup de fusil si l'on est lièvre, être rapin au lieu d'être un grand peintre, mousse plutôt que d'être amiral, soldat pour arriver à l'hôpital, chercher le sourire de don Juan sur les lèvres, des femmes honnêtes à l'Opéra, être absurde, boursouflé, ampoulé, si l'on est écrivain, préférer M. Hugo à Racine et peut-être à Corneille, être en germe, enfin, au lieu d'être en fruit, être gland en attendant qu'on soit chêne, si le hasard ne vous mène pas à la basse-cour, c'est le bonheur.

Eh bien, oui, c'est le bonheur ! mais non pas le bonheur comme on l'entend, parce que tout est léger dans la vie de jeune homme, et que rien n'y pèse ; mais parce que tout y pèse au contraire, parce que tout y est sérieux, depuis le duel pour offense faite à la vertu d'un débardeur, jusqu'à l'amour fou, insensé, inconsolable, méprisé, pour la grisette du coin.

Heureux âge, en effet, où tout est désespoir, enthousiasme, passion, folie et sottise enfantine, mais sur lequel la raison, qui n'est peut-être que l'indifférence, n'a point encore mis sa main glacée ; heureux âge où le mal lui-même garde quelque chose d'innocent, dont les fautes ne sont que des erreurs, dont les fruits ne sont amers que parce qu'ils sont verts, où l'on sent si bien, pour tout dire, si on ne le sait pas, que la douleur elle-même n'est pas un mal, et que, comme dit Montaigne, elle tient à la volupté par un bout.

Oui, c'est le bonheur ; mais quoi de mieux fait, qu'on convienne, pour prouver le peu qu'est le bonheur.

P.-J. STAHL.

Quand je vous disais que votre Agathe faisait des yeux à mon chenapan de Benjamin !... et vous souffririez ça, Nestor?

— Ne va pas te tromper! Si c'est un Mosieu qui t'ouvre, tu diras ce que je t'ai dit; si c'est une Dame, tu ne diras rien, tu donneras ça; si c'est une bonne aussi, ou une petite fille.

— Il n'y a toujours que le Mosieu qui ne doit pas voir.

— C'est ça.

ŒUVRES DE GAVARNI.   La Vie de Jeune Homme.

Eugène et sa petite.

Par Gavarni.   Gravé par Baulant.

ŒUVRES DE GAVARNI. La Vie de Jeune Homme

Faut que je voie après mon poulet...... Voyons, Monsieur Charmé, ne fais pas de bêtises !... et tiens l'échelle.

Par Gavarni.

La Vie de Jeune Homme.

— Je ne vous ai pas retenu les cinquante francs que vous me devez depuis six mois, garnement !

— Ah ! bien, Parrain, ça passera pour les intérêts des cent écus que tu m'as donnés.

— Comment cela ?

— Parce qu'il y a quinze jours que je te les demandais : Parrain, faut être juste !

ŒUVRES DE GAVARNI.   La Vie de Jeune Homme.

Quand on dit qu'on a une femme, ça veut dire qu'une femme vous a.

Par Gavarni.   Gravé par Bisson et Cottard.

— C'est une femme que j'ai bien aimée!
— Farceur! tu l'as gardée quinze jours.
— Mais je lui ai fait la cour deux ans!

— Combien ça coûte-t-il, un habit comme ça ?
— Je ne sais pas.
— Dieu veuille, mon cher, que tu ne le saches jamais.

Eh! ben, après?.. quand j'aurais connu Mosieu Bélamy! c'est-il une raison pour qu'on parle mal sur moi?... puisqu'il y aurait au moins trois semaine de ça, et que Dimanche fera quinze jours que tu m'as parlé, imbécile!

— Tu sais bien que Maurice et Charles avaient toujours des histoires ensemble pour la petite Zélie?... Eh! bien...
— Eh! bien, elle a partagé le différend par la moitié.
— Juste! alors ils vont se battre.

ŒUVRES DE GAVARNI. La Vie de Jeune Homme.

Il ne m'ôterait seulement pas mon chapeau !

Gravé par DUJARD

ŒUVRES DE GAVARNI.   La Vie de Jeune Homme.

— Ecoutez, Juliette! Bourdin m'a tout conté.....
— Hein?
— Tout!
— Quoi?
— Tout!
— Eh bien! voilà du propre!

ŒUVRES DE GAVARNI.   La Vie de Jeune Homme.

— Petit Oncle, vois-tu, je voulais te dire...... que......
— Connu ! tu repasseras : j'ai pas de monnaie.

ŒUVRES DE GAVARNI.   La Vie de Jeune Homme.

ON A SOUVENT BESOIN D'UN PLUS PETIT QUE SOI

Par Gavarni.   Gravé par Soter.

OEUVRES DE GAVARN. La Vie de Jeune Homme.

Un roman nouveau, un jeune amour, une vieille pipe.

Par Gavarni. Gravé par Piaud.

— Te voilà propre !... Mon cher, ton imbécile de groom s'est trompé de bouquet: ton billet pour la petite est chez la tante !
— Ah ! chien !!! Au fait, qu'est-ce que ça me fait ? Tiens ! j'aime mieux la tante.

— « Le marquis de Chancelles est à Naples, » dis donc!
— Ah!
— Tiens! Naples, c'est une idée : viens-tu à Naples?
— Je n'ai pas le sou cette année... faudrait vendre des rentes ou me défaire de Julia.
— Défais-toi plutôt de Julia, bête!

ŒUVRES DE GAVARNI.   La Vie de Jeune Homme.

— Depuis que j'ai été forcé de tuer un homme pour lui avoir donné un soufflet, ah! j'ai les soufflets en horreur: Je ne voudrais pas, vois-tu, pour je ne sais quoi au monde…..
— En recevoir un.

Par Gavarni.   Gravé par Verdeil.

— Il faut te décider, voyons !... épouse Claire, avec le bois de Nangie, ou prends Clémence, tu auras les Moulins !... Veux-tu le bois ou veux-tu les moulins ? — Ah ! Parrain, je voudrais... — Le bois et les moulins ? — Parrain, je voudrais Félicie, qui n'a ni bois ni moulins... — Vous êtes un sot, Filleul. — Je suis amoureux, Parrain. — Vous êtes un sot, Filleul.

Par Gavarni.   Gravé par Pouget.

— On vient de rapporter Louis de Vincennes, avec deux côtes cassées !
— Pourquoi s'est-il battu ?
— Pour une bouffée de cigare.

ŒUVRES DE GAVARNI.   La Vie de Jeune Homme

Tu pourrais te contenter d'un simple coup de pistolet à quinze pas; c'est déjà bien gentil !... Entre nous, Florentine ne vaut pas davantage... hein?

Par Gavarni.   Gravé par Pouu

OEUVRES DE GAVARNI. La Vie de Jeune Homme

— Vois-tu, Julien! vois-tu, Julien! vois-tu !... je vais faire des bêtises !...
— Vous en avez le droit.

Par Gavarni. Gravé par Lavieille.

— Voyez-vous là, au second quadrille... des épis de diamants?... — Charmante personne! — Je veux vous présenter après la danse : vous serez enchanté de faire la connaissance de la Baronne de Coquardeau. — Je le suis déjà, Mosieu le Baron, d'avoir fait la vôtre!

Temps perdu.

— Payes-tu cher à ton hôtel?
— Affreusement cher : je ne paye pas.

ŒUVRES DE GAVARNI. La Vie de Jeune Homme

ORAISON FUNÈBRE.

— Ah! que c'était une riche nature de femme! jolie, tout cœur! pleine d'esprit... et si bon garçon!

— Ça, c'est vrai!... Enfin!... il y en a d'autres.

Gavarni. Gravé par Baulant.

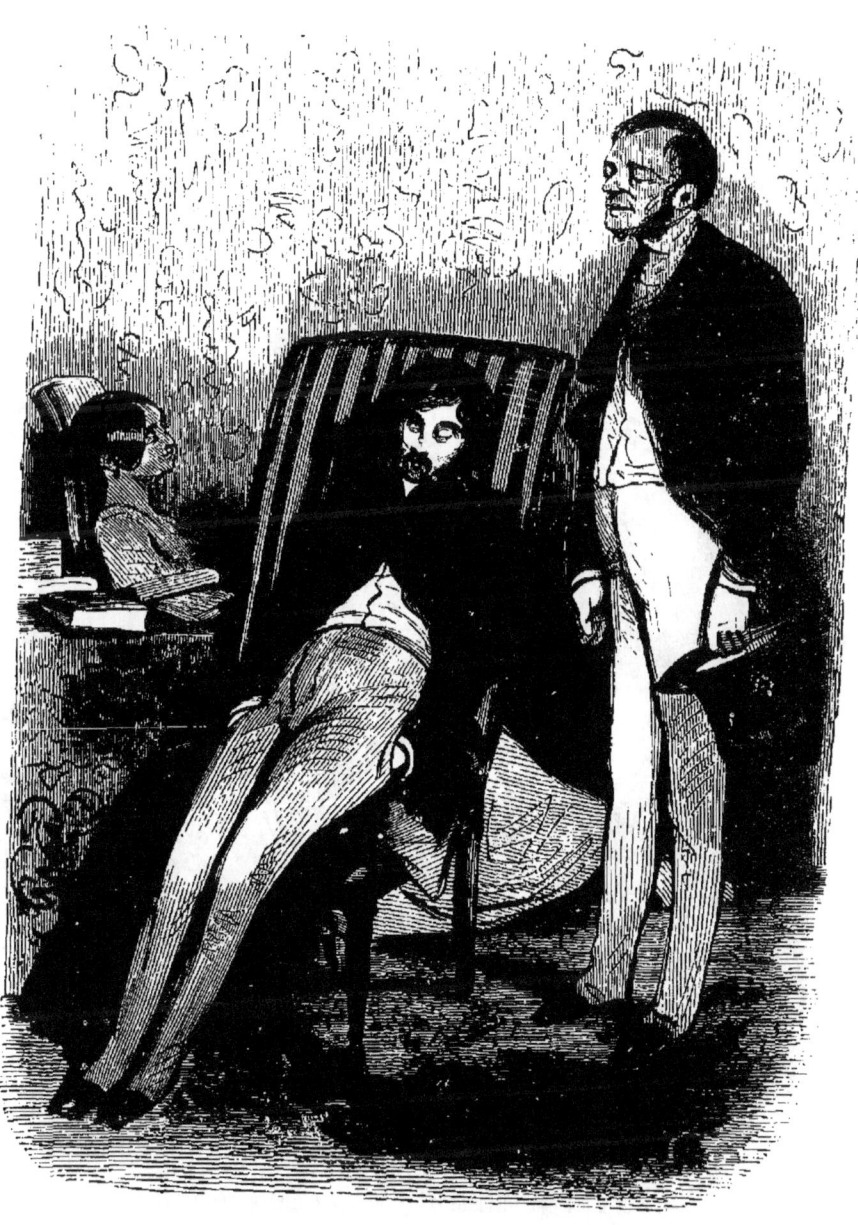

Comme ils se sont amusés... avec leur sot roman!... au lieu de venir avec moi à la Comédie-Française, ils auraient vu Georges Dandin, les nigauds!

— Mais à ton âge, malheureux! je ne savais pas ce que c'était que des dettes...

— Mon Oncle, c'est ce que je disais ce matin à mon neveu, en lui donnant quinze sous : ce polisson-là me ruine

J'ai un service à te demander, mon bon Joseph... Il m'arrive quelque chose de bien bête : J'ai à l'heure qu'il est deux adorées sur les bras... Tu ne pourrais pas t'en arranger d'une ?

Voyons! j'aime Clara, si c'est face; si c'est pile, j'aime Augustine.

GAVARNI.
ŒUVRES CHOISIES

LES

DÉBARDEURS.

J. HETZEL. | **GARNIER Fᵉˢ.**

1848

LES DÉBARDEURS.

Quand après avoir créé le ciel et la terre Dieu eut fait l'homme à son image et à sa ressemblance, et qu'il eut donné à cet être de son choix une compagne, il leur dit à tous deux : « Allez et multipliez. » Nous ne serions pas fâché de savoir si le souverain seigneur de toutes choses, devant qui l'avenir et le présent se confondent, avait dès lors prévu, dans sa sagesse, que de cet homme et de cette femme naîtraient un jour ce qu'on nomme aujourd'hui — des débardeurs !

Combien n'a-t-il pas fallu de transformations, de métamorphoses, de révolutions, de chutes d'empires, de progrès bizarres, pour qu'un fils d'Adam, pour qu'une fille d'Ève aient pu en arriver à ce point de civilisation singulière que comporte l'idée du débardeur actuel.

Que pourrait penser notre premier père, que dirait notre première mère, si, tout courbés qu'ils sont encore ingénument sous le poids d'une faute unique, l'ange, je me trompe, le démon du carnaval, leur offrait un soir, et sans préparation, un billet d'entrée au bal de l'Opéra, et une place le matin à l'une des tables de la Maison Dorée, du café Anglais ou du café Foy?

Quelles réflexions ne leur inspirerait pas la vue de cet inconcevable pêle-mêle, dans quelle stupéfaction ne les jetterait pas une si exorbitante confusion, et, le premier étonnement passé, de quelles objurgations n'accableraient-ils pas leur postérité en délire.

« Mon garçon, dirait Adam au premier qui lui tomberait sous la main, après notre sottise, Dieu avait daigné laisser sur nos têtes la voûte des cieux ; il y avait allumé, rien que pour nous, d'innombrables soleils ; sous nos pieds, il avait fait pousser la verdure des prés et étendu le sable fin des rivages. Il avait rempli les airs du parfum de mille fleurs, souvenirs embaumés du paradis que nous avions perdu ; le chant des oiseaux, le murmure des eaux, la voix sonore des vents à travers les forêts nous rappelaient encore, quoique de loin, les concerts des archanges et des séraphins, car enfin tout déchus que nous fussions, le Seigneur avait entendu que nous serions des hommes, c'est-à-dire, les élus de sa création, spectateurs encore dignes d'un si magnifique ouvrage... — Dieu s'est trompé, ou ma race est détruite, je ne vois ici que des singes, des singes fous et endiablés. Ce que notre maître nous avait donné était-il trop grand, que vous vous êtes efforcés de le rapetisser en le parodiant de la misérable façon que voici? Je crois voir des arbres encore et des fleurs, mais je les touche, ils sont en toile et en carton ; j'entends des sons, mais viennent-ils de l'enfer, ou le progrès consiste-t-il pour vous à avoir enfermé les libres harmonies de l'air dans les tuyaux où soufflent si piteusement quelques-uns de vos frères épuisés? Je ne te parle ni du bruit de vos chaises cassées, ni de ces coups de pistolet dont le but ne peut être que de réveiller vos musiciens endormis ; tu sais sans doute qu'en penser, et le laid petit homme qui invente ces tapages ne s'abuse pas non plus sur leurs mérites. Mais dis-moi si l'odeur infecte de ces becs de gaz perçant à grand'peine ces nuages de poussière, te paraît avoir remplacé avec avantage les douces senteurs de la nature, et si tu l'applaudis d'avoir fait succéder ces feux malsains aux clartés célestes. »

— « Ma fille, dirait Ève à son tour en s'adressant à une Rose-Pompon quelconque, j'ai cédé devant un ange déchu, c'est vrai ; mais ces rois de vos fêtes, vos messieurs Chicard et leur lignée me rappellent ces animaux sans nom qui naissent et meurent dans l'eau croupie. On vous a dit que j'avais tout oublié, que je m'étais donnée, que je m'étais perdue, hélas ! pour une pomme, et là-dessus vous vous livrez, croyant mieux faire peut-être, pour des soupers en apparences plus complets, et ayant soupé une fois, voilà que vous soupez tous les jours et plutôt deux fois qu'une. La pomme du péché est un fruit redoutable, mes pauvres filles, il n'y faut goûter qu'une fois, si l'on y goûte, encore vaudrait-il mieux n'y pas toucher du tout. Ces fautes si souvent répétées, où vous mèneront-elles, si ce n'est à n'avoir plus ni faim ni soif. Gardez, gardez au moins le désir, vous qui n'avez pas su garder l'innocence. Vous riez de mon langage, et de mon costume, peut-être, vous vous étonnez que je prêche dans ce simple appareil, et vous voilà bien fières de vos pimpantes culottes de velours, de vos perruques poudrées et défrisées, de vos boutons d'argent et de vos petits souliers vernis, devant le costume un peu primitif de votre vieille grand'mère. Ne riez pas tant, mes petites, de mon temps on s'habillait moins encore que du vôtre, j'en conviens, mais, comment vous y prenez-vous ? on était plus couvert. Ce n'est pas l'habit qui fait la pudeur, et vos riches défroques vous cachent moins que ne me cachait jadis ma pauvre feuille de figuier. »

— « Oh ! trois fois vénérables grands parents, répondrait le débardeur en s'inclinant très-bas, vous parlez mieux qu'un livre, et vos leçons sont d'or ; mais qu'en pouvons-nous faire ? Depuis vous, croyez-moi, tout a bien changé, et la nature a fait comme le reste. On l'a dit en latin, — je vous épargne de l'entendre dans cette langue que vous ne comprendriez pas, — le printemps était éternel. Il ne l'est plus. Rien ne fleurit toujours sur la terre, et le ciel dont vous me parlez n'existe plus pour nous. Empruntez un paletot à quelqu'un avant de partir, pour la chère mère que voici, et mettez-la bien près de vous dans un bon fiacre, si vous ne voulez pas mourir de froid ou tout au moins prendre un fort rhume en retournant d'où vous venez. J'ai lu votre histoire dans ma jeunesse, elle est belle et sublime, votre histoire ; mais il y est parlé de tout, excepté de l'hiver. De neige, de froid, de frimas, pas un mot, avouez-le ; c'était donc le bon temps, votre temps ! Dans un jour d'humeur le bon Dieu vous avait dit : « vous suerez ; » et on raconte que vous l'avez trouvez dur ! Vous étiez difficile, grand-père. Il nous a dit à nous : « gelez ; » c'est une bien autre affaire, savez-vous ? Six mois sans chaleur, c'est un rude arrêt ? Ce que vous voyez n'a donc qu'un but, celui de laisser reposer le soleil et de se dégourdir en attendant son retour. Croyez-vous que vos enfants auraient jamais eu l'idée d'extravaguer jusqu'à inventer les bals masqués, sous un ciel comme le vôtre ! prenez-vous-en à l'hiver, grand-père, tout s'explique par l'hiver, mettez tout sur son dos, le coupable, c'est lui. Pourquoi vient-on ici? J'en sais trois raisons : parce qu'il y fait chaud, parce qu'on n'a pas de feu chez soi, et parce qu'on y trouve à souper ; ces dames vous le diront. On crie que nous sommes pervers, corrompus, mauvais genre, et notre époque est si bête, qu'elle le croit. — On nous vante ; nous sommes des amours à côté des anciens. Madame que voici, ce petit monsieur est une dame, madame n'est pas pire que sa grand'mère. Qu'on lui donne mille écus de rente, et elle sera demain sage comme une image. La vertu est plus douce que le vice ; elle le sait bien : mais encore faudrait-il pouvoir en vivre et s'y établir, dans la vertu ! Croyez-vous que c'est par goût qu'on demeure rue Bréda, qu'on est une lorette, une feuille à la merci de tout vent, une fleur tombée qu'après avoir ramassée chacun rejette. — Non, mais que voulez-vous ? dès que l'on demande à vivre, à boire un peu, et à manger assez, on ne trouve à se satisfaire qu'ici. Où est le mal, alors? est-ce ici, ou dans le taudis d'où les chassent le manque de tout et le désespoir d'être seules au monde? Qu'elles travaillent, dites-vous ! Vous êtes naïf, bon père, si vous ignorez que de notre temps la femme qui trime le plus de ses dix doigts ne gagne encore que la moitié de sa faim. D'ailleurs, pour travailler, faut savoir ! et, entre nous, la plupart de celles qui se bousculent dans ce vacarme n'ont jamais rien eu pour elles que le baptême ; ce qu'elles ont eu en plus, Dieu seul le sait ; Dieu qui est partout, même ici par conséquent, doit les suivre quelquefois, et d'un regard miséricordieux, je pense, à l'hôpital qui toujours les attend. Pauvres filles, sont-elles gaies tout de même ; tenez, obtenez qu'on leur ôte l'hiver, et je réponds de pas mal de choses. Plus d'hiver, c'est dire plus de misère, et partant plus de fautes, plus de vices, plus de maladies, plus de bals masqués même ; les anciennes modes reviennent, on se passe de tout, voire de tailleurs. Quel rêve ! quelle réforme ! En voilà une qui en aurait des partisans, et des amis, et des banquets où tout le monde serait d'accord ; les *Débats* eux-mêmes en personne s'y assiéraient, pauvres *Débats* qui ne mangent de rien depuis si longtemps, le veau qu'on mange dans ces festins n'étant presque jamais de leur opinion ! — Mais, me voici dans la politique, et, par le temps qui court, il y fait ennuyeux. Permettez-moi d'en sortir par une polka, grand-père, c'est plus gai, et aussi moral. Bonne nuit, grand'mère. »

Si cette filiation du débardeur, donnée par un débardeur sincère, n'était pas du goût de tout le monde, on pourrait, je crois, en établir une autre contre laquelle personne ne réclamerait. Le débardeur, en effet, a un second père ; ce père, c'est Gavarni, par qui le carnaval, cette réalité souvent grossière, brutale et licencieuse, est devenu une folie charmante, une comédie pleine de sel et parfois de raison, une illusion gracieuse, une image enfin et un portrait dont tout le défaut est d'être supérieur en tout à son modèle, qui s'efforcerait en vain de l'égaler.

P.-J. STAHL.

ŒUVRES DE GAVARNI. Les Débardeurs

— Voyons si tu te souviens... Numéro?
— Dix-sept.
— Rue?
— Christine.
— Madame?
— Bienveillant...... et il y a un bilboquet à la sonnette.

Par GAVARNI.   Gravé par BARA ET GÉRARD.

Ils vont venir : Écoute, Hortense! sur le coup de minuit, minuit et demi, vois-tu ? j'aurai affaire.. Tu t'arrangeras pour m'égarer mon Anténor......

— Une douzaine d'huîtres et mon cœur.
— Ta parole?

Un amour de petit ménage quoi! ça se retire à la pointe du jour, bien paisibles! bien unis!... ça va se mettre sous le nez son pauvre polichinelle de quatre sous, dormir jusqu'à midi, et puis bonjour! en voilà pour la semaine...

Par Gavarni. Gravé par Lavigne.

Les Débardeurs.

— V'là trois heures, Titine; filons! faut que je sois levé au petit jour……
— Moi dormir si peu! j'aimerais mieux pas……

ŒUVRES DE GAVARNI. Les Débardeurs.

Malheureuse enfant! qu'as-tu fait de ton sexe?...

Par GAVARNI. Gravé par VERDEIL.

OEUVRES DE GAVARNI.   Les Debardeurs

...... Être fichues au violon comme des rien du tout! deux femmes comme il faut... vingt-Dieu!

Par Gavarni.   Gravé par Baulant.

ŒUVRES DE GAVARNI.   Les Débardeurs

J'espère que tu vas te tenir, Angélique, et que tu ne t'épanouiras pas comme l'autre fois !... que tu étais d'une gentillesse à faire dresser le crin sur le casque à l'autorité.

ŒUVRES DE GAVARNI Les Debardeurs

Pus que ça de bouillon ! merci.

Par Gavarni. Gravé par Bara et Gébard.

— Qui?
— Moi et Zélie, Achille et toi.
— Où?
— Aux Vendanges.
— Quand?
— Jeudi... ça y est?
— Ça y est!

— Tais-toi, moutard, faut laisser jaser l'autorité!... Je trouve que Mosieu cause agréablement..

Monter à cheval sur le cou d'un homme qu'on ne connait pas, t'appelle ça plaisanter, toi!

ŒUVRES DE GAVARNI — Les Débardeurs.

Voyez-vous, mon petit Larrims, j'ai de l'amitié pour vous, tout plein, tout plein! mais... non! non, là, vrai!... dix fois on sera légère, mais jamais avec les amis d'un homme qu'on aime... ceux-là, c'est sacré.

Par GAVARNI. Gravé par LEBLANC.

ŒUVRES DE GAVARNI.   Les Débardeurs.

— Aurai-je l'honneur de danser un galop avec Mosieu le Baron?
— Qu'est-ce que tu payes?

Par Gavarni.   Gravé par

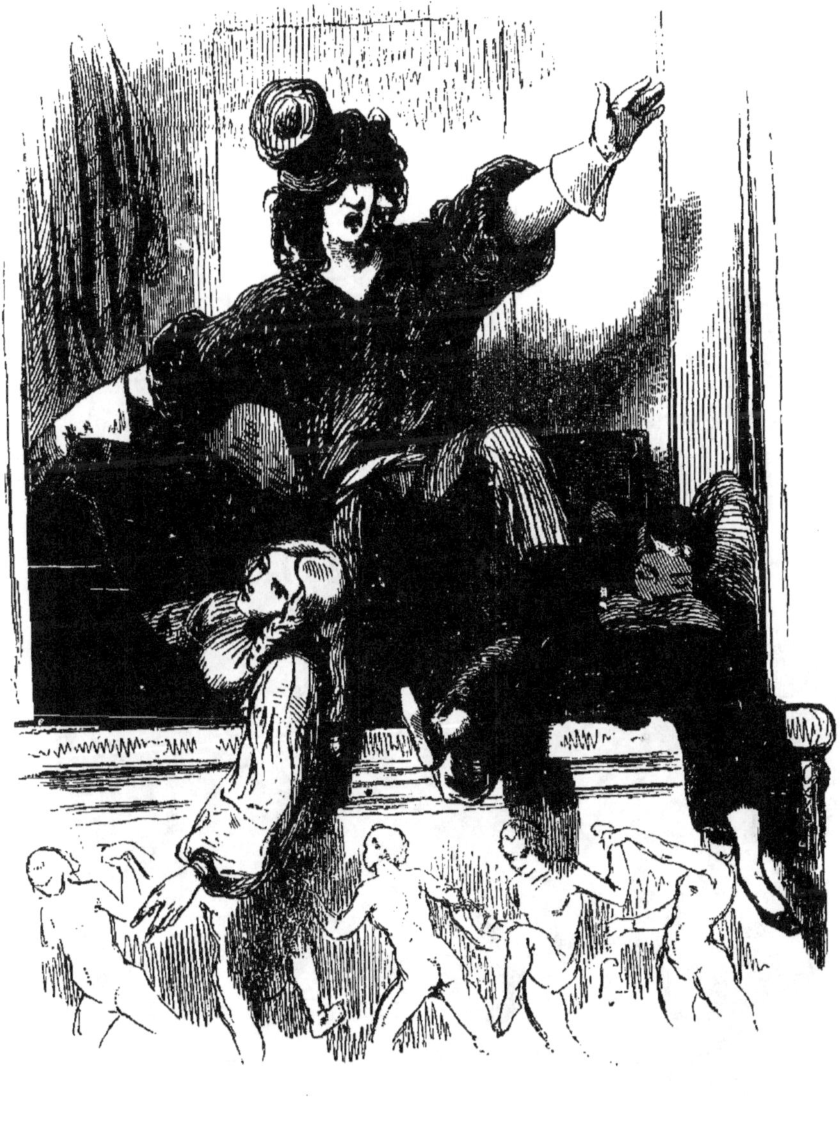

En voulez-vous de la cravette?... pas cher.

Par Gavarni.

Gravé par Soyer.

Qu'est-ce que c'est? Tu vous déranges pour çà, et t'en voudrais déjà p'us... en v'là un mufe capricieux!

OEUVRES DE GAVARNI.   Les Débardeurs.

Ça ne te regarde pas, de quoi te mêles-tu? est-ce que son homme n'est pas là pour la battre?...

Par GAVARNI.   Gravé par VERDEIL.

ŒUVRES DE GAVARNI.   Les Débardeurs

— As-tu vu? M'ame Chose et le petit Baron qui ne peuvent pas se voir !
Le feu et l'eau, quoi !... ça va danser ensemble !...
— Va donc ! depuis souper, ils ne tiennent qu'à cinq sous

Par Gavarni.   Gravé par Baulant.

OEUVRES DE GAVARNI.   Les Débardeurs.

Le Débardeur mâle et femelle... vivants!... rapportés d'un voyage autour du monde! par Monsieur Chicard, célèbre naturaliste, avec la permission des autorités!... Le Débardeur est carnivore, fumivore, hydrophobe et nocturne! se repaît de gibier, de volaille et de poisson!... il mange de l'huître, de la sole au gratin, de la mayonnaise de homard!... il mange de tout...

Par Gavarni.   Gravé par Dujardin.

Le vicomte Aimé de trois étoiles et dame Eva de Tremblemont vont tout à l'heure ouvrir un cours public de Polkas comparés.

C'est d'main matin qu'mon tendre époux va beugler : Ah ! mais... zut ! ce soir j'suis Simonienne, enfoncé l'conjugal.

Voyons, Angelina, as-tu assez fait poser Mosieu?

ŒUVRES DE GAVARNI. Les Débardeurs.

« L'Intolérance est fille des faux Dieux! »
O Municipaux de malheur! la danse anacréontique est défendue... c'est bon, taisez vos becs : on dansera le menuet.

Par Gavarni. Gravé par Soyer.

V'là un gueux de petit pékin qui se divertit au bal comme un grain de plomb dans du champagne.

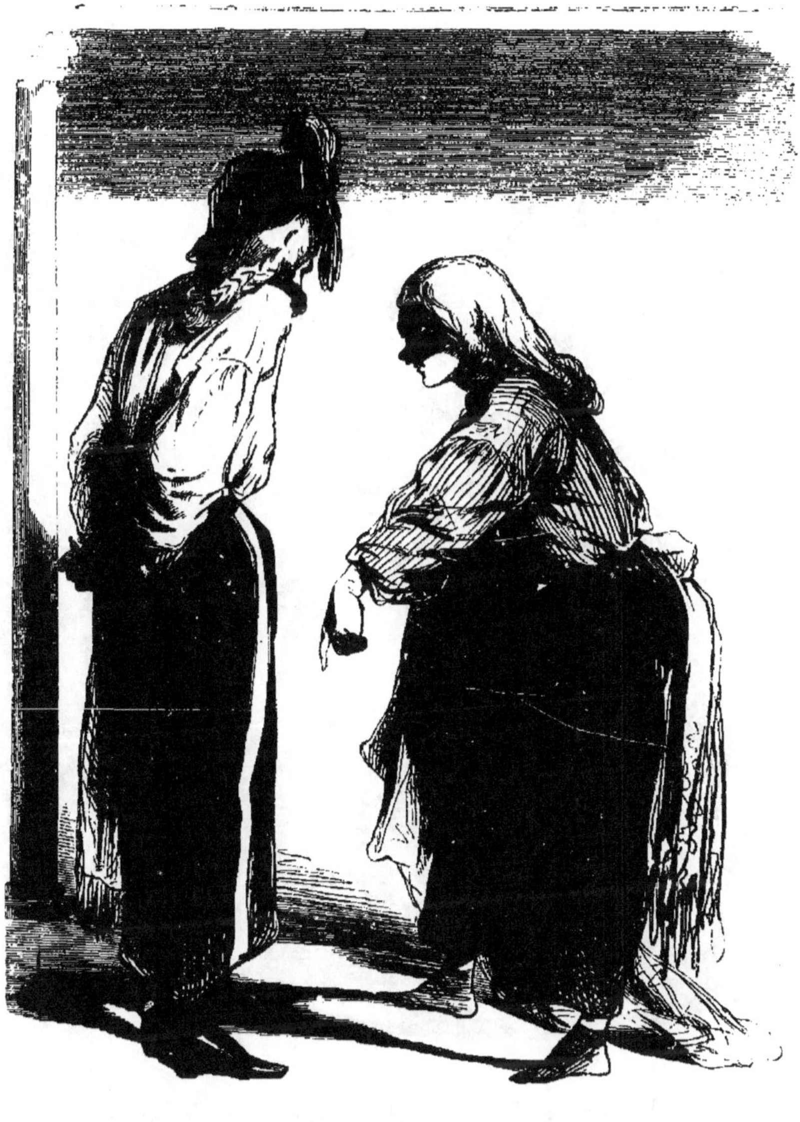

J'i ai dit! j'i ai dit! Madame, si vous vous permettez de fich' les pattes ici quand j'y serai, je connais une jeune personne qui vous tannera le cuir, ah! mais!

Par GAVARNI.

Grav...

ŒUVRES DE GAVARNI.   Les Débardeurs.

J'te parie mon Alezan doré contre ta Vicomtesse, que j'emporte ce soir le petit rat du Baron...

Par Gavarni.

— ..... Et si Cornélie ne trouvait pas de voiture ?
— Nous irions à pied !
   Merci ! Je serai canaille tant qu'on voudra, mais mauvais genre, jamais !

ŒUVRES DE GAVARNI.   Les Débardeurs.

V'là qu'elles ont des mots !... Fameux ! Angélina s'aligne... touché !... bien joué... Amanda ramasse ses quilles.

Par Gavarni.   Gravé par Bara et Gérard

ŒUVRES DE GAVARNI.   Les Débardeurs.

— Eh ben! Linderneau, ça ne va donc pas mieux?
— Mon brave Mosieu Co...o...lignon... je suis .. encore bien faible

Par Gavarni.   Gravé par Lavieille

Caporal, on gèle dans votre satané violon! mon épouse n'est vraiment pas bien! Est-ce qu'on ne pourrait pas se procurer une goutte de n'importe quoi, sans vous commander?... et un bout de pipe...

OEUVRES DE GAVARNI.　　　　　　　　　　　　　　　Les Débardeurs.

Tu danseras, Coquardeau!... tu danseras, Coquardeau!... tu danseras, Coquardeau!... deau!... deau!

Par Gavarni.　　　　　　　　　　　　　　　Gravé par Bara et Gérard.

Six pouces de jambes et le dos tout de suite

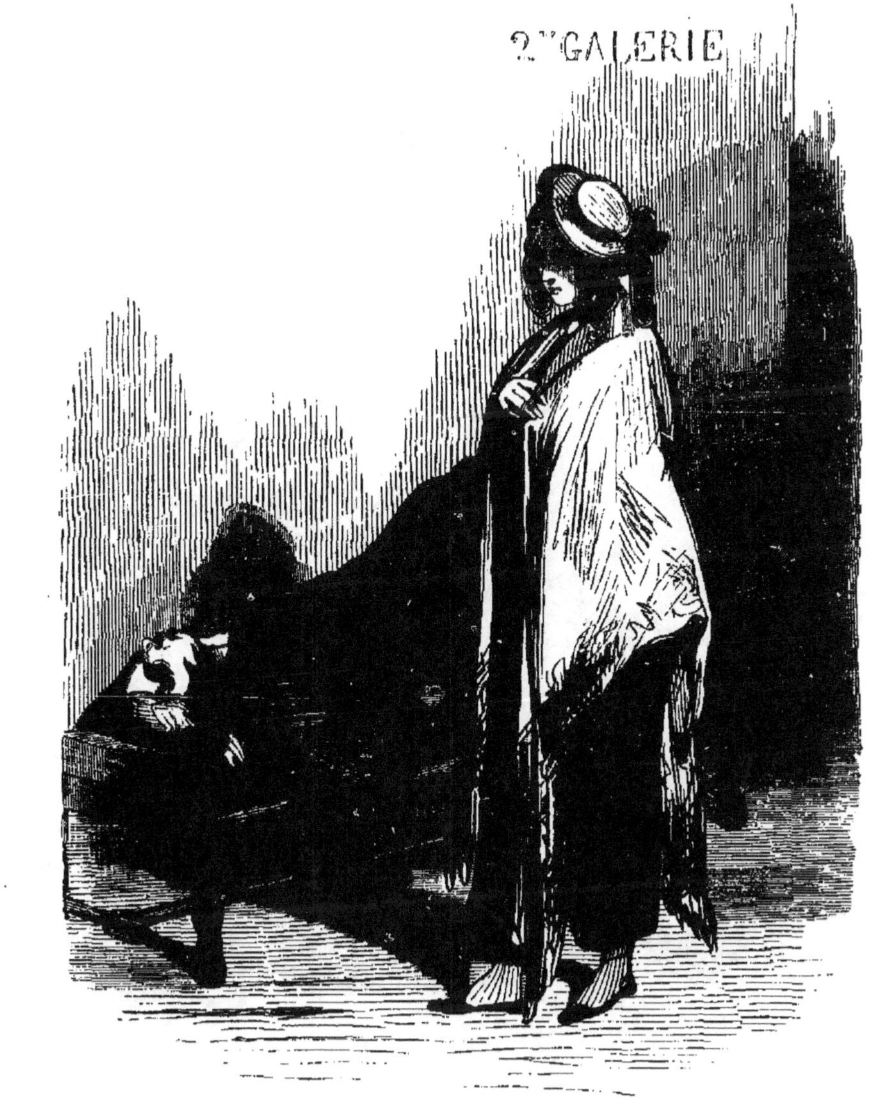

Voilà un fainéant qui dort, et qui laisse une pauv' femme danser toute la nuit!..

Par Gavarni.

Gravé par Lavieille

ŒUVRES DE GAVARNI — Le Carnaval à Paris.

— Ça! c'est pas la perruque à Jules!
— Non, c'est pas la perruque à Jules!
— Ah! c'est pas la perruque à Jules!... Tu vois bien, Alphonsine, tu n'es qu'une petite pas grand'chose, et lui rien du tout, parce que c'est la perruque à Jules.

ŒUVRES DE GAVARNI. Les Débardeurs

Doux Jésus! où que je vas me sauver? la Félicité qui fait des manières!!!

Par Gavarni. Gravé par Fauquin

— Ah çà! décidément Caroline est folle du petit Anglais.
— Cornichon! va.

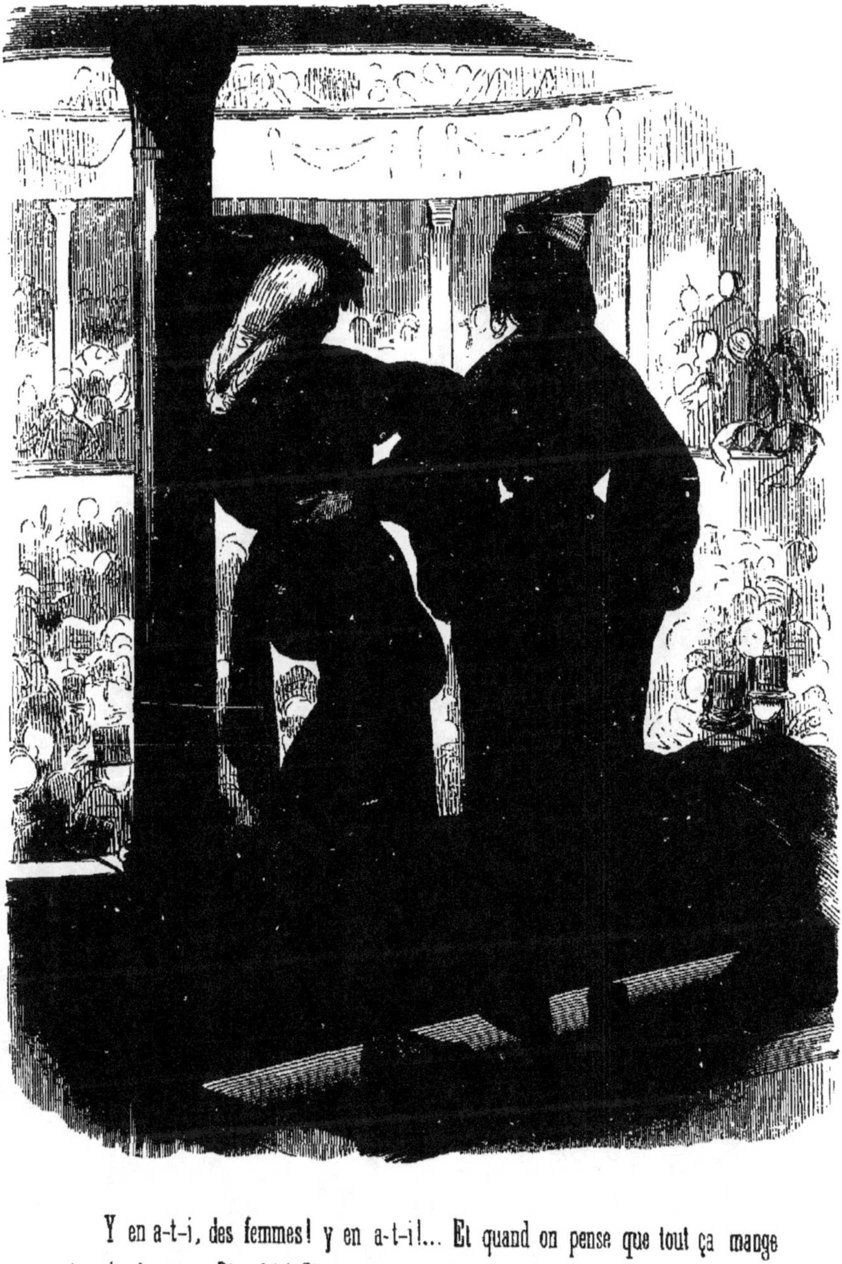

Y en a-t-i, des femmes! y en a-t-i!... Et quand on pense que tout ça mange tous les jours que Dieu fait! C'est ça qui donne une crâne idée de l'homme!

Par Gavarni.

Gravé par

ŒUVRES DE GAVARNI.   Les Débardeurs

— V'là qu'i fait jour : j'suis échigné, moi, dame! et toi ?
— Moi pas.

Par Gavarni.   Gravé par Baux et Gérard

ŒUVRES DE GAVARNI.   Les Débardeurs.

On rit avec vous et tu te fâches... en voilà un drôle de pistolet!

ŒUVRES DE GAVARNI — Les Debardeurs.

Mon cher, le Municipal a emporté le petit mufe avec qui je dansais, parce qu'i voulait pincer son Cancan, et qui ne pouvait pas, ce jeune homme!... t'aurais ri!.

Par Gavarni.   Gravé par Verdeil.

OEUVRES DE GAVARNI.   Les Débardeurs.

— Te v'là ici, toi ! c'est comme ça qu't'as la migraine ?
— C'est comme ça qu'tu montes ta garde, toi !

PH. GAVARNI.

— Et ton Épouse ?
— Elle est au violon... Mais c'est mon chapeau que j'ai perdu!... v'là une catastrophe!

OEUVRES DE GAVARNI. Les Débardeurs.

Agathe et toi, mon vieux Ferdinand, ça ne sera pas long : cette petite-là est trop rouée pour toi, parce que t'es plus roué qu'elle... et pour que ça dure, faut toujours qu'un des deux pose, d'abord.

Par Gavarni. Gravé par Fauquinon et Marapart ainé.

On va pincer son petit cancan, mais bien en douceur... faut pas décobliger le gouvernement!..

OEUVRES DE GAVARNI — Les Débardeurs.

Avec l'agrément de cet agréable mufe-là, pourrait-on, Madame, pincer avec toi le prochain rigodon?

Par Gavarni. Gravé par

(LE DÉBARDEUR.) — Ne me parlez pas des femmes en Carnaval pour s'amuser ! Heureusement, moi, la mienne est mariée : on me la tient.

(LE POSTILLON.) — Moi, la mienne est mariée aussi, mais avec moi... ça fait que je me la tiens moi-même..

(UN DOMINO QUI PASSE.) — Je les tiens tous les deux... Ils vont me le payer.

ŒUVRES DE GAVARNI.

As-tu vu? Ma'me Alexandre et l'ancienne à Paul qui sont à se peigner en bas pour ce paltoquet d'Eugène!..... quelque chose de gai!

Par GAVARNI. Gravé par MONTIGNEUL.

Ton Alfred est un gueux : il est ici avec l'autre...... calme-toi !

— Un honnête Domino! des airs décents! p'us que ça de tenue, l'ancienne à Philippe!......
— Nous sommes en Carnaval, mon gentilhomme.

Je t'avertis, Milord... si tu dînes demain avec cette Andalouse-là, c'est moi qui vous tremperai la soupe......... tu comprends la parabole?

OEUVRES CHOISIES DE GAVARNI.

LA VIE DE JEUNE HOMME. — NOTICE PAR P.-J. STAHL.

Quand je vous disais que votre Agathe !	BAULANT.
Ne va pas te tromper !	BAULANT.
Eugène et sa petite	BAULANT.
Faut que je voie après mon poulet.	LAVIEILLE.
Je ne vous ai pas retenu les cinquante francs !	BAULANT.
Quand on dit qu'on a une femme.	BISSON et COTTART.
C'est une femme que j'ai bien aimée !	LAVIEILLE.
Combien ça coûte-t-il, un habit comme ça ?	LAVIEILLE.
Eh bien, après ?... Quand j'aurais connu M. Belamy !	LAVIEILLE.
Tu sais bien que Maurice et Charles !	GUILLAUMOT.
Il ne m'ôterait seulement pas mon chapeau !	DUJARDIN.
Écoutez, Juliette ! Bourdin m'a *tout* conté.	LAVIEILLE.
Petit oncle, vois-tu, je voulais te dire.... que....	VERDEIL.
On a souvent besoin d'un plus petit que soi.	SOYER.
Un roman nouveau, un jeune amour, une vieille pipe	PIAUD.
Te voilà propre !... mon cher.	LEBLANC.
« Le marquis de Chancelles est à Naples, » dis donc !	CASTAN.
— Depuis que j'ai été forcé de tuer un homme.	VERDEIL.
— Il faut te décider, voyons !	ROUGET.
On vient de rapporter Louis de Vincennes.	ROUGET.
Tu pourrais te contenter d'un simple coup de pistolet.	PORRET.
Vois-tu, Julien ! vois-tu, Julien ! vois-tu !	LAVIEILLE.
— Voyez-vous là, au second quadrille ?	BUDZILOWICZ.
Temps perdu	BAULANT.
Payes-tu cher à ton hôtel ?	BISSON et COTTART.
Oraison funèbre.	BAULANT.
Comme ils se sont amusés... avec leur sot roman !	FAUQUINON.
— Mais à ton âge, malheureux !	LAVIEILLE.
J'ai un service à te demander, mon bon Jules.	DIOLOT.
Voyons ! J'aime Clara, si c'est face.	BAULANT.

LES DÉBARDEURS. — NOTICE PAR P.-J. STAHL.

Voyons si tu te souviens... Numéro ?	BARA et GÉRARD.
Ils vont venir : Écoute, Hortense !	GUILLAUMOT.
Une douzaine d'huîtres et mon cœur.	BARA et GÉRARD.
Un amour de petit ménage, quoi !	LAVIEILLE.
V'là trois heures, Titine ; filons !	DUJARDIN.
Malheureuse enfant ! qu'as-tu fait de ton sexe ?	VERDEIL.
... Être fichues au violon comme des rien du tout !	BAULANT.

J'espère que tu vas te tenir, Angélique.	ROUGET.
Pus que ça de bouillon ! merci.	BARA et GÉRARD.
— Oui ?	LAVIEILLE.
— Tais-toi, moutard ; faut laisser jaser l'autorité !	DUJARDIN.
Monter à cheval sur le cou d'un homme.	LEBLANC.
Voyez-vous, mon petit Larins.	LEBLANC.
Aurai-je l'honneur de danser ?	LAVIEILLE.
En voulez-vous de la crevette ?... Pas cher	SOYER.
Qu'est-ce que c'est ?.	DUJARDIN.
Ça ne te regarde pas, de quoi te mêles-tu ?...	VERDEIL.
— As-tu vu m'ame chose ?..	BAULANT.
Le Débardeur mâle et femelle... vivants !	DUJARDIN.
Le vicomte Aimé de Trois-Etoiles.	LAVIEILLE.
C'est d'main matin qu' mon tendre époux va beugler.	BARA et GÉRARD.
Voyons, Angelina, as-tu assez fait poser mosieu ?.	LEBLANC
« L'intolérance est fille des faux dieux !.	SOYER.
V'la un gueux de petit pékin qui se divertit.	DUJARDIN.
J'i ai dit ! j'i ai dit ! madame !.	VERDEIL.
J' te parie mon alezan doré contre ta vicomtesse.	VERDEIL.
— ... Et si Cornélie ne trouvait pas de voiture ?.	BAULANT.
V'la qu'elles ont des mots !.	BARA et GÉRARD.
— Eh ben ! Landerneau, ça ne va donc pas mieux ?	LAVIEILLE.
Caporal, on gèle dans votre satané violon !	BAULANT.
Tu danseras, Coquardeau !	BARA et GÉRARD.
Six pouces de jambes et le dos tout de suite..	BARA et GÉRARD.
Voilà un fainéant qui dort..	LAVIEILLE.
— Çà ! c'est pas la perruque à Jules !..	LAVIEILLE.
Doux Jésus, où que je vas me sauver ?	FAUQUINON.
— Ah çà, décidément, Caroline est folle du petit Anglais.	SOYER.
Y en a-t-i, des femmes ! y en a-t-i !	LEBLANC.
V'la qu'i fait jour.	BARA et GÉRARD.
On rit avec vous, et tu te fâches.	SOYER.
Mon cher, le municipal a emporté le petit mufe.	VERDEIL.
— Te v'là ici, toi ?.	BAULANT.
— Et ton épouse ?.	BAULANT.
Agathe et toi, mon vieux Ferdinand.	FAUQUINON.
On va pincer son petit cancan.	LAVIEILLE.
Avec l'agrément de cet agréable mufe-là.	BUDZILOWICZ.
(LE DÉBARDEUR.) Ne me parlez pas des femmes en carnaval.	PIAUD.
As-tu vu m'ame Alexandre ?.	MONTIGNEUL.
Ton Alfred est un gueux.	PIAUD.
— Un bonnête domino !	PIAUD.
Je t'avertis, milord... Si tu dînes demain avec cette Andalouse-là	DIOLOT.

Paris. — Typographie SCHNEIDER, rue d'Erfurth, 4.

PUBLICATIONS ET ACQUISITIONS DE GARNIER FRÈRES,

Rue Richelieu, 10,

VENDUES A DES PRIX AVANTAGEUX.

Le Juif errant, par EUGÈNE SUE. Édition illustrée par Gavarni. 4 vol. grand in-8 ; même format que les *Mystères de Paris*, au lieu de 40 fr., 24 fr.

Notre-Dame de Paris. Édition illustrée de 50 à 60 magnifiques gravures sur acier et sur bois imprimées hors texte, d'un grand nombre de fleurons, frises, lettres ornées, culs-de-lampe, etc., dans le texte d'après les dessins de MM. E. de Beaumont, L. Boulanger, Daubigny, T. Johannot, de Lemud, Meissonier, C. Roqueplan, Steinheil. 1 vol. grand in-8, 20 fr.

Chants et Chansons populaires de la France, Choix de chants guerriers, chansons historiques et burlesques, politiques et satiriques, complaintes et noëls, rondes et canons, pots-pourris, romances et vaudevilles, etc., etc. 90 livraisons à 60 c.

Les 28 premières livraisons forment un premier volume.
Les livraisons 29 à 56 forment le deuxième volume.
Les livraisons 57 à 84 forment le troisième volume.

Chacun de ces volumes, précédé d'un frontispice gravé avec le plus grand soin, d'une préface et tables, est renfermé dans une riche couverture en or et couleur. Prix de chaque volume, broché, 18 fr.

La couverture, le frontispice et la préface de chaque volume forment une double livraison, qui peut s'acheter séparément au prix de 1 fr. 20 c.

Chaque livraison peut toujours s'acheter séparément.

Premier volume. 1re Liv. Marlborough. — 2. Monsieur et Madame Denis. — 3. Le Juif errant. — 4. Il pleut, bergère ; Je l'ai planté, je l'ai vu naître. — 5. Le roi d'Yvetot. — 6 La Machine infernale. — 7. Le Chant du départ. — 8. Aussitôt que la lumière ; Nous n'avons qu'un temps à vivre. — 9. Le comte Ory. — 10. Geneviève de Brabant. — 11. Fanfan la Tulipe. — 12. Paris à cinq heures du matin. — 13. O ma tendre musette ; Que ne suis-je la fougère ; Que j'aime à voir les hirondelles. — 14. Le vieux château des Ardennes. — 15. L'Enfant prodigue. — 16. Malgré la bataille ; Fanchon. — 17. Cadet Rousselle. — 18. Jadis et aujourd'hui. — 19. Vive Henri IV; Charmante Gabrielle ; Viens, Aurore. — 20. Le Ménage de garçon ; la Paille. — 21. Dagobert. — 22. Pot de bière, pipe et maîtresse ; Frère Etienne. — 23. La Palisse. — 24. Va-t-en voir s'ils viennent, Jean. — 25. La Tentation de saint Antoine. — 26. Les merveilles de l'Opéra. — 27. Girofé, girofla ; Il était une bergère. — 28. Guillery ; Nous étions trois filles. — *Deuxième volume*. — 29. Le Matelot de Bordeaux. — 30. La belle Bourbonnaise ; la nouvelle Bourbonnaise. — 31. Bouton de rose ; Plaisir d'amour. — 32. Manon. — 33. Roland. — 34. Combien j'ai douce souvenance ; Nina. — 35. La Marmotte en vie. — 36 Dans les gardes françaises. — 37. Ressemblances et différences. — 38. La Fille du savetier. — 39. Paris à cinq heures du soir. — 40. Le Départ du conscrit, le Retour du conscrit ; Grenadier, que tu m'affliges. — 41. La Comtesse de Saulx. — 42. Les grandes Vérités. — 43, 44. La Parodie de la Vestale. — 45. Te souviens-tu, disait un capitaine. — 46. La Marguerite ; la Vieille ; le Chevalier du guet. — 47. Lantara ; Éloge de l'eau. — 48. Le Plaisir des rois, le roi des plaisirs. — 49. Clémence Isaure. — 50. Leçons d'une mère à sa fille ; Lise chantant dans la prairie ; Femme sensible, entends-tu le ramage ? — 51. Les Bossus ; Au clair de la lune ; la Mère Michel. — 52. V'là ce que c'est que le carnaval. — 53. Reproches à Catherine. — 54. Romance d'Estelle ; L'Amant discret ; Je te perds, fugitive espérance. — 55. La Mère Bontemps ; La Tour, prends garde. — 56. Amphigouris. — *Troisième volume*. 57. Le Café. — 58. L'Avaricieuse ; Ah! vous dirai-je, maman ? L'amour est un enfant trompeur. — 59. A boire je passe ma vie ; Commençons la semaine ; Voulez-vous suivre un bon conseil ? — 60 Relantanplan, tambour battant. — 61. Les Portraits à la mode. — 62. La Femme à vapeurs. — 63. Le Gascon. — 64. Quand l'Amour naquit à Cythère ; Le Temps et l'Amour. — 65. Le Refrain du chasseur. — 66. Pauvre Jacques ; L'Amour filial ; La pitié n'est pas de l'amour. — 67. Le Point du jour ; la Fin du jour. — 68. Fualdès. — 69. Une Nuit de la garde nationale. — 70. Plus on est de fous, plus on rit. — 71. Une fièvre brûlante ; Que le sultan Saladin ; La danse n'est pas ce que j'aime. — 72. Prophétie targotine. — 73. Le Flâneur. — 74. La Gamelle patriotique ; Grâce à la mode. — 75. L'Émigration du plaisir. — 76. Manon la couturière. — 77. Asmodée. — 78. J'ai du bon tabac ; Je n'aime pas le tabac ; La Pipe de tabac. — 79. Le Petit-Maître. — 80. Le Réveil du peuple. — 81. Héloïse et Abeilard. — 82. Hymne à l'Être suprême. — 83. Dormez, chères amours ; Vivre loin de ses amours. — 84. La Veillée.

Œuvres complètes de P. J. de Béranger, illustrées de 120 gravures par Grandville, formant un beau volume grand in-18, 13 fr.

Le même, édition format elzévirien, ornée de 7 gravures. 1 fort volume in-32, 3 fr. 75 c.

Chansons et Poésies diverses de Désaugiers, édition elzévirienne, format du Béranger. 1 vol. in-32, 3 fr.

Histoire des Républiques italiennes du moyen âge, par SISMONDE DE SISMONDI. Nouvelle édition, ornée de grav. sur acier. 10 vol. in-8, 50 fr. ; net, 40 fr.

Voyage autour du Monde, résumé général des Voyages de découvertes de Magellan, Bougainville, Cook, Lapérouse, Basil-Hall, Duperrey, Dumont-Durville, Laplace, etc., publié par M. Dumont-Durville, accompagné de cartes, portraits, et de plus de 500 gravures sur acier, dessinées par Sainson. — 2 vol. grand in-8. 30 fr.

Voyage en Asie et en Afrique, résumé général des Voyages anciens et modernes exécutés dans ces deux parties du monde; par J.-B. Eyriès; orné d'environ 300 vignettes, cartes, portraits, etc., gravés sur acier par Jules Boilly. — 1 vol. grand in-8, 15 fr.; net, 10 fr. 50 c.

Voyage dans les deux Amériques, résumé de tous les Voyages exécutés dans cette partie du monde, depuis Cristophe Colomb jusqu'à nos jours, par les rédacteurs du *Voyage autour du Monde*, sous la direction de M. Alcide d'Orbigny. — 1 vol. in-8, orné de deux cartes et de 300 sujets sur acier, d'après MM. Sainson et Boilly, 15 fr.; net, 10 fr. 50 c.

Les Femmes de la Bible, collection de Portraits des Femmes remarquables de l'Ancien et du Nouveau Testament, avec textes explicatifs rappelant les principaux évènements de l'histoire du peuple de Dieu, et renfermant des appréciations sur le caractère des Femmes célèbres de ce peuple. Gravés par les meilleurs artistes, d'après les dessins de G. Staal. 1 vol. grand in-8, 20 fr.

Petit Carême et Sermons choisis de J.-B. Massillon, évêque de Clermont. 1 vol. petit in-4º, illustré d'un grand nombre de gravures dans le texte, de deux portraits de l'auteur et de Louis XIV, gravés sur acier. Au lieu de 20 fr., net, 12 fr.

Silvio Pellico illustré. — MES PRISONS, suivies du Discours sur les devoirs des hommes, traduction nouvelle, par le comte *H. de Messey*, revue par le vicomte *Alban de Villeneuve*; précédée d'une introduction contenant des détails biographiques entièrement inédits sur l'auteur depuis sa sortie des prisons, sur ses compagnons de captivité, sur les prisons d'État, par M. V. *Philippon de la Madelaine*.

Quatre-vingts vignettes sur acier, gravées d'après les dessins de MM. Gérard Séguin, Trimolet, Steinheil, Daubigny, etc., avec fleurons et culs-de-lampe gravés sur bois. 1 vol. format grand in-8, 12 fr. — Richement relié à l'anglaise, 16 fr.

Les Armes et le Duel, par Grisier, professeur de LL. AA. RR. les princes fils du roi, à l'école royale polytechnique, au collège royal de Henri IV et au Conservatoire de musique. Ouvrage agréé par S. M. *l'empereur de Russie*; précédé d'une Préface par A. Dumas. Notice sur l'auteur par Roger de Beauvoir; Épître en vers, de Méry; Lettre du comte Ludovic d'Harbourg; Dessins par E. de Beaumont. 1 vol. grand in-8, 10 fr.

Nous ne craignons pas de dire que cet ouvrage est le *traité d'escrime* LE PLUS COMPLET qui ait encore paru. La réputation européenne de l'auteur nous autorise à ajouter que c'est très-certainement le MEILLEUR.

Dictionnaire universel de Géographie physique, politique, historique et Commerciale, contenant la description détaillée des différentes régions du globe, ainsi que tout ce qui est relatif à la forme actuelle des divers gouvernements qui y existent; à l'Histoire, aux Mœurs et Coutumes, aux Croyances religieuses et à la Législation des peuples; aux Rapports politiques des principaux États entre eux; aux Sciences, aux Arts et à la Littérature; à l'Industrie, au Commerce, etc., etc.; précédé d'une Introduction à la Géographie physique, d'une *Table explicative des principaux termes de géographie*, et accompagné d'une mappemonde et de six cartes géographiques; par J. Mac-Carthy, chef de bataillon d'infanterie, officier de la Légion d'honneur, attaché au dépôt général de la guerre, auteur d'un Traité de Géographie. Troisième édition, entièrement refondue et considérablement augmentée. 2 vol. de 1,500 pages chacun, contenant la matière de 15 volumes ordin., 15 fr.

Ouvrage de première nécessité pour les étudiants, les gens du monde et de cabinet, les commerçants, les voyageurs, et pour l'intelligence de l'histoire et des journaux.

Dictionnaire national, ou grand Dictionnaire classique de la Langue française, contenant pour la première fois, outre les mots mis en circulation par la presse, et qui sont devenus une des propriétés de la parole, les noms de tous les Peuples anciens, modernes; de tous les Souverains de chaque État, des Institutions publiques, etc., etc.; *Ouvrage classique* rédigé sur un plan entièrement neuf, plus exact et plus complet que tous les dictionnaires qui existent, et dans lequel toutes les définitions, toutes les acceptions des mots et les nuances infinies qu'ils ont reçues du bon goût et de l'usage sont justifiées par plus de quinze cent mille exemples choisis, fidèlement extraits de tous les écrivains, moralistes et poëtes, philosophes et historiens, politiques et savants, conteurs et romanciers dont l'autorité est généralement reconnue. Par M. Bescherelle aîné, principal auteur de la *Grammaire nationale*. Deux magnifiques volumes in-4º de 3,400 pages, à 4 col., contenant la matière de plus de 200 vol. in-8. Prix : 50 fr. — Prix de la livraison, pour Paris, 50 c. Pour les départements, s'adresser au libraire de la ville.

Grammaire nationale, par Bescherelle frères. 1 vol. grand in-8; au lieu de 12 fr., net, 8 fr. Complément indispensable du *Dictionnaire national*.

Paris. — Typographie SCHNEIDER, rue d'Erfurth, 1.